THE WEAPONS ENCYCLOPÆDIA

TANK AIRCRAFT AFV SHIP ARTILLERY VEHICLES SECRET WEAPON

CARRO MEDIO M13-14-15

THE WEAPONS ENCYCLOPAEDIA

PUBLISHED BY

Luca Cristini Editore (Soldiershop), via Orio, 35/4 - 24050 Zanica (BG) ITALY.

DISTRIBUTION BY

Soldiershop - www.soldiershop.com, Amazon, Ingram Spark, Berliner Zinnfigurem (D), LaFeltrinelli, Mondadori, Libera Editorial (Spain), Google book (eBook), Kobo, (eBoook), Apple Book (eBook).

CONTRIBUTORS OF THIS VOLUME & ACKNOWLEDGEMENTS

Ringraziamo i principali collaboratori di questo numero: I profili dei carri sono tutti dell'autore. Le colorazioni delle foto sono di Anna Cristini. Ringraziamenti particolari a istituzioni nazionali e/o private quali: Stato Maggiore dell'esercito, Archivio di Stato, Bundesarchiv, Nara, Library of Congress ecc. A P.Crippa, A.Lopez, L.Manes, C.Cucut, archivi Tallillo. Model Victoria (www. modelvictoria.it), per avere messo a disposizione immagini o altro dei loro archivi.

For a complete list of Soldiershop titles, or for every information please contact us on our website: www.soldiershop.com or www. cristinieditore.com. E-mail: info@soldiershop.com. Keep up to date on Facebook & Twitter: https://www.facebook.com/soldiershop. publishing

Titolo: **CARRO MEDIO ITALIANO M13/40, M14/41 & M15/42** Code.: **TWE-004 IT**

Collana curata da L. S. Cristini

ISBN code: 978-88-9328768. Prima edizione settembre 2022

THE WEAPONS ENCYCLOPAEDIA (SOLDIERSHOP) trademark of Luca Cristini Editore

CARRO MEDIO ITALIANO M13/40, M14/41 & M15/42

LUCA STEFANO CRISTINI

BOOK SERIES FOR MODELERS & COLLECTORS

INDICE

▼ Carro M13/40 zona di Tripoli, febbraio 1941 appartenente alla 132ª divisione corazzata Ariete.

INTRODUZIONE

Fu il carro armato medio italiano per eccellenza durante la seconda guerra mondiale, il maggiormente prodotto ed utilizzato dal Regio Esercito assieme alle versioni successive M14/41 e M15/42. L'M13/40 è stato anche il primo blindato italiano a rappresentare una reale minaccia contro i carri avversari, operando soprattutto contro i britannici sul fronte dell'Africa settentrionale. Per risparmiare tempo e denaro, oltre che per velocizzare il progetto, l'M13/40 era concettualmente basato sull'M11/39, ma dotato di uno scafo superiore completamente riprogettato. Aveva una torretta abbastanza ampia da contenere un Breda modello 35 da 47 mm (1,85 pollici). Si trattava di un eccellente cannone anticarro con prestazioni abbastanza simili al cannone russo da 45 mm (1,77 pollici) usato dai loro T-26 e BT. La potenza di fuoco era completata da due mitragliatrici gemelle Breda da 8 mm piazzate nello scafo e da un'altra coassiale da 8 mm che sparava colpi traccianti. Il nome era una combinazione data dalla lettera maiuscola "M", che fa riferimento a medio, secondo gli standard di peso dei carri armati italiani dell'epoca, e il numero 13, che si riferisce alle tonnellate di peso previsto, seguito dall'anno di produzione, in questo caso il 1940. Lo stesso discorso valeva per le versioni successive.

■ LO SVILUPPO

La progettazione iniziò da parte della Fiat-Ansaldo nel 1937 e l'anno successivo, nel 1938, venne realizzato il primo prototipo. Basato sul precedente carro M11/39 ne differiva in molti aspetti, principalmente per il tipo e la disposizione dell'armamento e per lo scafo completamente rivisto. Nel nuovo mezzo l'armamento principale, un cannone da 47/32, era montato in una torretta girevole a forma di ferro di cavallo e

▼ Carro M13/40 in Nord Africa, novembre 1941. L'equipaggio del carro saluta il reporter di guerra prima di dirigersi sulla linea di combattimento col suo mezzo.

▲ Carro M14/41 della 132ª Divisione corazzata Ariete in Nord Africa. Il mezzo avanza nel settore della Cirenaica nel gennaio del 1941. Notare l'uso di rinforzare la torretta con pezzi di cingoli e la presenza delle taniche di benzina agganciate a rastrelliere sullo scafo tipiche di questa versione.

non in casamatta, soluzione che riduceva notevolmente l'efficacia dell'arma, come nel suo predecessore. Come armamento secondario l'M13/40 disponeva di 4 mitragliatrici da 8mm: una coassiale con il cannone, due in casamatta (posizione che nel precedente modello era attribuita all'armamento primario) ed una con funzione antiaerea montabile su apposito supporto alla sommità esterna della torretta.

Nel dicembre del 1939 tutta la produzione italiana di carri medi venne concentrata sull' M13/40 chiudendo la linee di assemblaggio degli M11/39 ormai vetusti.

Nel 1941 venne realizzata una nuova versione dotata di diverso motore, uno dei punti deboli del primo veicolo, denominata M14/41 dalla quale venne anche derivato il semovente 75/18, un buon caccia carri, considerato il miglior corazzato italiano impiegato durante la seconda guerra mondiale.

Nel 1942 venne pensata una terza e ultima versione chiamata M15/42 con successive migliorie, un retro allungato di 15 cm e un cannone più potente.

Venne anche realizzato un prototipo sperimentale per trasporto aereo utilizzando un aeroplano Caproni CA 180 che avrebbe dovuto trasportare il carro M13/41 agganciato al di sotto della fusoliera.

■ CARATTERISTICHE TECNICHE

Il carro è costituito dal telaio o scafo, dall'armamento, dal motore e dai relativi organi di trasmissione, di locomozione e di comando. Aveva una massa che variava, a seconda del modello, fra 14 e 15 tonnellate. Era lungo da 4,9 a 5,06 metri, largo 2,28 e alto 2,37 metri.

Queste le parti principali: scafo - accessi - portelli d'ispezione - fori di scarico - mezzi di visibilità - motore - organi di trasmissione - organi di direzione e della frenatura - organi di propulsione esterna e sospensioni.

Scafo: è costituito da lamiere di acciaio speciale (che formano la corazzatura) rigidamente collegate all'interno da una robusta intelaiatura di profilati e rinforzate da traverse, così da ottenere una cassa impermeabile e resistente agli sforzi ed agli urti più violenti.

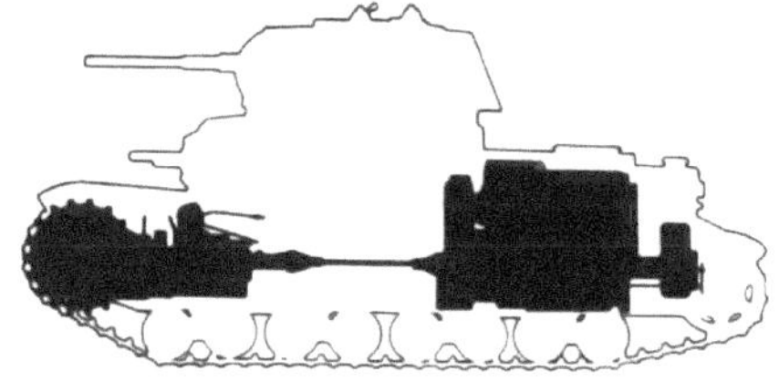

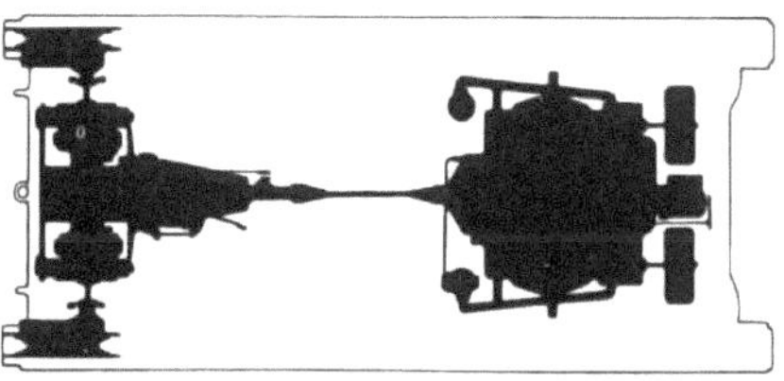

▲ Schema del carro M14/41 con descrizione dell'apparato motore e trasmissione.

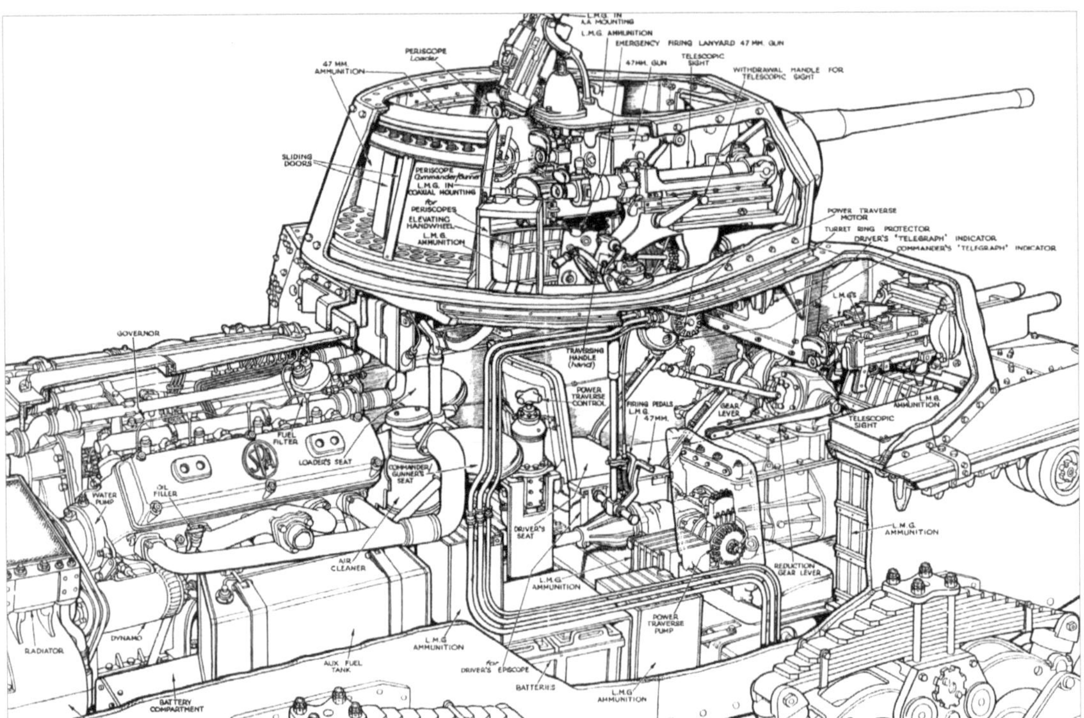

▲ Schema dell'interno del carro e della torretta ricavato da uno studio inglese effettuato su un carro catturato.

Nella parte inferiore lo scafo era a tenuta stagna, fatto che gli permetteva di guadare torrenti.

Le lamiere costituenti la corazzatura hanno spessori diversi e sono distribuite in modo da assicurare la massima protezione alle parti maggiormente esposte al tiro. All'interno lo scafo è diviso in due parti da una paratia verticale così da formare una camera motore nella parte posteriore, ed una camera di combattimento in quella anteriore.

La camera motore contiene, oltre al motore con ventilatori e radiatori, i due serbatoi del gasolio e le batterie di accumulatori. La camera di combattimento comprende la parte centrale e la parte anteriore dello scafo. In essa sono contenuti tutti gli organi di guida del carro e quelli della trasmissione.

Nella camera di combattimento trovano posto: l'equipaggio (4 uomini), i cofani e gli scaffali per le munizioni, la stazione radiofonica e l'abbinamento di mitragliatrici in casamatta con il relativo cannocchiale collimatore. Il tetto della camera di combattimento presenta una grande apertura circolare sulla quale è sistemata la torretta ed una apertura rettangolare per il passaggio dell'iposcopio.

La torretta è montata sullo scafo mediante una cremagliera che le permette la rotazione intorno al proprio asse di 360°. Il brandeggio della torretta può avvenire a mano (a mezzo di apposito volantino) o mediante l'apparecchio oleodinamico "Calzoni", costituito da una pompa, un servomotore ed un distributore. La pompa è azionata da un alberino collegato all'albero della trasmissione. Nella torretta è sistemato il cannone da 47/32, una mitragliatrice coassiale, un alzo a cannocchiale e due cannocchiali panoramici. Sul cielo della torretta si trova un supporto per l'installazione di una mitragliatrice per tiro e difesa contraerea.

Accessi: uno sul fianco sinistro dello scafo per il mitragliere ed il pilota (a destra nel modello M15/42); uno in torretta per il porgitore e il capocarro. Il portello di sinistra può essere tenuto parzialmente aperto a mezzo di un puntello; quello in torretta, diviso in due, può essere mantenuto aperto per mezzo di due puntelli.

Portelli d'ispezione: due sulla camera del motore e due in corrispondenza dei freni. I due portelli del cofano motore sono fissati ad una cerniera centrale. La loro chiusura dall'esterno viene effettuata a mezzo di due perni con dado a galletto; dall'interno a mezzo di apposita chiusura di sicurezza.

I due portelli anteriori per l'ispezione dei freni sono apribili soltanto dall'interno del carro, a mezzo di un congegno comandato a mano dal pilota. Detto congegno consente di mantenere i portelli parzialmente aperti durante la marcia per il raffreddamento dei freni.

Mezzi di visibilità dall'interno del carro: per la guida, il pilota dispone di una feritoia rettangolare ricavata nella lamiera frontale della camera di combattimento, con un portellino incernierato all'esterno e manovrabile con una leva dall'interno. Il portellino può assumere una posizione di massima apertura - rimanendo quasi orizzontale - e tutte le altre posizioni intermedie fino alla completa chiusura.

Con portellino chiuso è possibile la visibilità diretta attraverso una feritoia longitudinale, praticata in esso, chiudibile dall'interno mediante una piastra fissata al portellino e manovrata con apposito perno.

Gli occhi del pilota sono protetti da eventuali schegge da un cristallo contenuto in una scatola applicata alla piastra e facilmente smontabile.

Oltre alla visibilità diretta il pilota ha a sua disposizione, per la guida, un mezzo di visibilità indiretta costituito da un iposcopio. Questo apparecchio, che consente la condotta del carro quando sia necessario tenere chiuso il portellino di guida durante il combattimento, è essenzialmente composto da due prismi, di cui uno superiore - obiettivo - sporgente dal tetto dello scafo, ed uno inferiore - oculare - sistemato nell'interno all'altezza degli occhi del pilota. Per la visibilità posteriore e laterale, il capocarro ed il porgitore dispongono di feritoie circolari praticate sullo scafo (due sulla piastra anteriore, una sulla fiancata destra ed una sullo sportello di accesso del pilota) chiudibili da piastre girevoli manovrate dall'interno. Queste feritoie sono tali da permettere, oltre la visibilità, anche il passaggio di canne di armi portatili per la difesa ravvicinata dall'interno del carro.

La visibilità indiretta da parte del capocarro e del porgitore è esercitata per mezzo di cannocchiali panoramici. Questi apparecchi permettono la visione per 360°; sono sistemati in torretta, attraverso un

▼ Interno dell'abitacolo-camera di combattimento.

collegamento elastico che attutisce le vibrazioni e gli urti durante la marcia. La parte superiore di ogni cannocchiale è protetta da un riparo di acciaio speciale, dal quale esce il solo obiettivo.

Motore: del tipo Diesel veloce, a quattro tempi, a gasolio; 8 cilindri in blocco - quattro per parte - disposti a 90°, posizione a V. Tale tipo di motore differisce fondamentalmente dal normale motore a scoppio in quanto l'alimentazione e l'accensione si svolgono in modo del tutto differente.

Per l'alimentazione, a differenza di quanto avviene nei normali motori a scoppio, nei motori ad iniezione non vi è il carburante che è destinato a preparare la miscela di aria e benzina fuori del cilindro. In questo motore l'aspirazione del cilindro avviene direttamente dall'atmosfera; soltanto si inserisce, all'estremità del condotto di aspirazione, un filtro destinato a trattenere le eventuali impurità e la polvere contenuta nell'aria. Alla fine dell'aspirazione viene introdotta nel cilindro soltanto aria sulla quale poi, nella corsa di salita dello stantuffo, si esercita la normale pressione.

Il combustibile per l'iniezione nei cilindri, è fornito da apposite pompette di iniezione, una per cilindro, raggruppate in un solo complesso meccanico, comandato con opportuna trasmissione dal motore. L'accensione del combustibile iniettato, avviene automaticamente (esclusione fatta per il primo avviamento a motore freddo che è facilitato dalle candele, alimentate da una corrente di 2 Volt). Dopo di che ha luogo la normale fase di scoppio e quindi quella di scarico, conclusiva del ciclo di funzionamento, che si rinnova per intero, come in tutti i normali motori a scoppio a quattro tempi.

Avviamento del motore: 1) *A mano* sia dall'interno che dall'esterno del carro, a mezzo di un avviatore ad inerzia azionato da manovella e provvisto dì bottone d'innesto. 2) *Elettrico*, mediante due motorini di avviamento che agiscono su una ruota dentata applicata al volano.

Lubrificazione: la circolazione dell'olio avviene per mezzo di tre pompe, riunite in un sol corpo, di cui due di ricupero ed una di mandata. Le pompe di ricupero richiamano l'olio dai due pozzetti ricavati nella coppa motore e lo inviano alla sottocoppa.

Raffreddamento: è a circolazione d'acqua forzata mediante pompa centrifuga. La pompa è comandata da una doppia catena e da un pignone inserito sull'albero motore. Il raffreddamento dell'acqua è ottenuto a mezzo di ventilatori che soffiano l'aria attraverso i due radiatori.

▼ Interno dell'abitacolo-camera di combattimento, particolare dello spazio in torretta.

Filtri dell'aria: sono quattro, applicati al motore due per ciascun lato; sono costituiti da un avvolgimento di reticella metallica nel cui interno viene allogato un filtro di speciale tessuto. Hanno il compito di filtrare l'aria prima che essa penetri nei cilindri durante la fase di aspirazione.

Organi della trasmissione-frizione: incorporata nel volano motore, è composta da: una scatola porta comando frizione; un anello spingidisco; un disco condotto, investito sull'alberino della frizione; dodici molle.

Il distacco della frizione avviene azionando il pedale; questi, con appositi tiranti e leve, comanda il manicotto distacco frizione, che a sua volta fa allontanare lo spingidisco comprimendo maggiormente le molle.

Trasmissione: l'albero di trasmissione serve a trasmettere il movimento dell'albero motore al gruppo cambio ed epiciclo sistemati nella parte anteriore del carro. L'albero è protetto da un tubo e da cuffia di protezione ed è munito di giunti cardanici.

Cambio di velocità: il cambio è del tipo a blocchi scorrevoli, con ingranaggi sempre in presa e presa diretta; tre alberi: primario, sussidiario, secondario ed un alberino della retromarcia. Nella scatola, separato da una parete, trovasi il riduttore di velocità, che consente di apportare una riduzione alle marce normali. Pertanto si hanno quattro marce normali e quattro ridotte. Un'apposita leva serve ad inserire tale riduzione ed a collegare direttamente l'albero secondario del cambio con il ponte, cioè il gruppo tronco-conico e l'epiciclo.

Organi della direzione e della frenatura: fanno parte di un complesso epicicloidale il quale è congegnato in modo da consentire: a) la trasmissione del moto alle ruote; - b) la direzione; - c) la frenatura.

Per il comando della guida del carro sono sistemate sulla sinistra due leve di direzione, poste ai lati del pilota. Manovrando queste leve, si provoca la frenatura dei cingoli e conseguentemente la sterzatura del carro che fa perno sul cingolo frenato.

Frenatura del carro: il rallentamento e l'arresto del carro si ottengono agendo simultaneamente sulle due leve di direzione; per avere una frenatura più energica si preme contemporaneamente sul pedale del freno, il quale funziona perciò esclusivamente in qualità di intensificatore dell'azione frenante.

Organi di propulsione esterna e sospensioni - Ruote motrici: sono poste ai lati dello scafo nella parte anteriore e ricevono il moto dai semiassi della trasmissione. Esse sono costituite da una ruota con due flange alle quali sono fissati due anelli dentati per le trasmissioni del moto al cingolo. Alle flange interne delle ruote sono pure fissate le corone a dentatura interna che ingranano con i pignoni che ricevono il moto dai semiassi e che sporgono dalle aperture circolari anteriori dello scafo.

Cingoli: ciascun cingolo è costituito da 8 maglie uguali fra loro ed unite a cerniera mediante perni, il cui sfilamento è impedito da una parte da una battuta nel foro dell'ultima cerniera e dall'altra da una pastiglia di arresto incastrata in una scanalatura delle maglie. Al centro ogni maglia porta un'aletta di guida e, ai lati di tale aletta, due fori rettangolari nei quali vanno ad introdursi i denti delle ruote motrici.

Ruote di rinvio e gruppi tendicingoli: i due cingoli, che anteriormente si avvalgono sulle ruote motrici, appoggiano posteriormente su due ruote di rinvio, i cui perni sono portati da bracci tendicingoli spostabili in senso longitudinale. Tale spostamento provoca l'aumento di tensione o l'allentamento del cingolo.

Rulli di guida: ogni cingolo è guidato ed appoggia il suo ramo superiore su tre rulli gommati, ruotanti su perni fissati ai fianchi dello scafo.

Sospensione: il carro, attraverso i perni di quattro piastre inchiodate ai fianchi dello scafo, appoggia elasticamente su quattro carrelli, due per lato. I carrelli, costituiti ognuno da due coppie di rulli gommati, sono dislocati sulle fiancate dello scafo, in modo tale da distribuire uniformemente il carico su ognuno di essi. Ogni carrello è indipendente dagli altri ed ha la possibilità dì oscillare attorno al perno della relativa piastra. Il sistema elastico, formato da molle, leve e bilancieri che lo compongono, oltre ad assicurare la sospensione elastica del carro, permette al carrello di deformarsi così da consentire al cingolo di adattarsi a qualunque asperità del terreno e di mantenersi costantemente a contatto con i rulli del carrello. Con ciò viene eliminata una delle cause principali dello scingolamento.

Armamento: il carro M13 era armato di un cannone da Cannone 47/32|47/32 modello 35, di progettazione austriaca Bhöler con una dotazione iniziale di 87 cartocci-proietti (spesso portati sul campo a circa un centinaio). Il cannone aveva un'elevazione di -10° e di +20°. Per consentire una maggiore depressione dell'arma sul tetto della torretta c'era una piastra corazzata davanti ai portelli di accesso, che serviva per aumentare lo spazio interno. L'arma poteva essere azionata tramite un pedale o manualmente. Il cannone fu giudicato generalmente in modo positivo, almeno in quanto a precisione ed affidabilità.

Le due mitragliatrici Breda 38 (progettate espressamente per l'impiego su carri) erano posizionate nella parte anteriore destra dello scafo, in uno speciale supporto a sfera avente un settore di tiro di circa 30°, 15° per lato. Un'altra Breda 38 era sistemata nella torretta, affiancata al cannone, nella parte sinistra. Una quarta Breda 38 era di solito pronta per un uso antiaereo e poteva essere montata su uno speciale ginocchiello al centro della torretta, appena davanti i portelli di accesso. In tutto il carro aveva una dotazione standard di 2592 cartucce cal. 8mm.

Le Breda 38 avevano una cadenza di tiro di circa 450 colpi al minuto, un caricatore da 25 colpi ed una velocità iniziale di circa 792 m/s .In Nord Africa diedero qualche problema di inceppamento a causa della sabbia.

Corazzatura: il tipo di costruzione e i materiali utilizzati nei carri italiani non erano all'altezza della produzione straniera, specialmente riguardo alla composizione chimica delle lastre corazzate.

Le corazzature erano inoltre imbullonate (caratteristica italiana nei mezzi corazzati WW2), non fuse. Le corazze spesso tendevano a spaccarsi in caso di urto con un proietto nemico, anche se non c'era penetrazione, perché troppo "rigide", poco malleabili e scarsamente trattate. La corazzatura arrivava ad un massimo di 42mm nella parte frontale della torretta e ad un minimo di 14mm nella parte inferiore dello scafo. Lateralmente era protetto da solo 25mm mentre l'enorme portello di accesso laterale sinistro era un punto particolarmente debole con soli 8mm di corazzatura.

▼ Interno dell'abitacolo-camera di combattimento, particolare della culatta del pezzo.

Sistemazione interna: l'avviamento del motore era effettuabile sia elettricamente che a mano a mezzo di un avviatore ad inerzia che era possibile manovrare sia all'esterno che all'interno del veicolo.

Il carro armato era dotato di impianto elettrico che provvedeva all'illuminazione esterna (con due fanali posti ai lati della casamatta ed un fanale singolo posto nella parte posteriore) ed interna con due lampadine sul cruscotto e due nella *camera di combattimento*.

L'impianto ovviamente provvedeva anche all'avviamento del motore.

L'elevazione del cannone era comandata a mano mediante un volantino a sinistra del cannoniere/capocarro mentre il brandeggio si otteneva facendo ruotare tutta la torretta del carro tramite un volantino posto a destra del cannoniere oppure attraverso un sistema oleodinamico del tipo "Calzoni" posto al centro della camera di combattimento e a sinistra in basso dal cannoniere/capocarro. Questo sistema fu giudicato superfluo ed ingombrante tanto che molto spesso veniva rimosso per alleggerire il carro in quanto esso poteva risultare utile in terreno montagnoso per far muovere la torretta in terreno in forte pendenza ma al contempo non lo era nello scenario del deserto del Nord Africa.

Il pilota disponeva di una finestra con portello che poteva restare aperta durante la marcia. In situazioni di combattimento poteva usufruire della visibilità indiretta attraverso un iposcopio con ingrandimento. Nella torretta erano posizionati due periscopi per l'osservazione, sempre con ingrandimento 1x.

Il mitragliere nello scafo aveva un telescopio posizionato tra le due mitragliatrici con ingrandimento 1x. Il telescopio per il cannone era posizionato sulla destra della torretta ed era monoculare, con un ingrandimento di 1,25x ed un settore d'orizzonte di 30°. Era graduato per una distanza di 1200 metri per il cannone e di 900 per la mitragliatrice. Tutti gli strumenti ottici furono costruiti dalla ditta San Giorgio.

Impianto radio: l'impianto radio, che nei primi carri prodotti era quasi del tutto assente, era composto da un set del tipo "RF1 CA", posizionato nella parte destra dello scafo, a fianco del mitragliere.

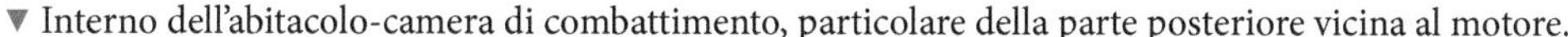

▼ Interno dell'abitacolo-camera di combattimento, particolare della parte posteriore vicina al motore.

Per le comunicazioni interne era montato un telegrafo, chiamato *"indicatore di marcia interno
SD1"*, simile al telegrafo di una sala motori di una
nave che collegava, teoricamente, il pilota col can-
noniere/capocarro. Quest'ultimo poteva dare le
istruzioni al pilota posizionando una levetta su
una specie di orologio, che automaticamente appariva alla vista del pilota sul suo "schermo"; lo
svantaggio era che poteva essere usato solo quando la torretta era in posizione a ore 12 (ossia con il
cannone rivolto nel senso di marcia).
Si utilizzava un sistema intercom per tre dei componenti l'equipaggio (meno il pilota che usava il
telegrafo) con laringofoni e cuffie. Purtroppo sia il
comandante che il porgitore nella torretta non potevano utilizzare il sistema se la torretta veniva gi-
rata a ore 6 (lateralmente) perché i laringofoni erano inseriti nella parte bassa del carro e dovevano
essere scollegati prima di iniziare il movimento.

Fonte: S.M.R.E. - *"Nozioni di armi, tiro e materiali
vari"*, Edizioni Le "Forze Armate", Roma, 1942.

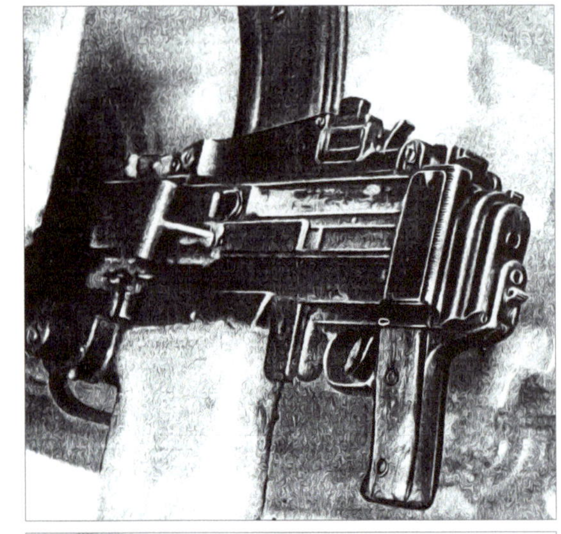

▲ Sopra: la mitragliatrice coassiale, montata a sinistra del cannone da 47 mm. su un supporto
a due staffe portato sulla culla.

Nel mezzo: le due Breda 8 mm.
M.G. sono montate sul lato destro della piastra verticale anteriore in un montaggio cardanico
con un mantello esterno fisso e
un mantello interno sferico mo-
bile. Le camicie corazzate dei
cannoni sono saldate alla scocca.

◄ Vista del pannello della stru-
mentazione di guida del carro e
del pannello aperto per la visione anteriore del mezzo.

LE VERSIONI DEI MEZZI

Tre furono le versioni principali realizzate del carro medio più diffuso nel Regio Esercito, fra operativi definitivi e prototipi. Di seguito elenchiamo i più importanti.

- *M13/40*: prima designazione del Carro Medio Ansaldo, progettato dalla Fiat-Ansaldo nel 1937. Il primo prototipo risale al 1938, basato sul carro M11/39. Questa versione venne prodotta in 710 esemplari. L'armamento basato principalmente sul cannone 47/32 mod. 1935 in torretta e mitragliatrice Breda mod. 1938 coassiale, sempre in torretta, un affusto binato per due altre Breda mod. 38 in casamatta e una quarta Breda installabile sul tetto della torretta in funzione antiaerea.

L'M13/40 era azionato da un motore Diesel SPA 8T raffreddato a liquido, con 8 cilindri. Il cambio di velocità associato contava 4 marce avanti e una retromarcia normale; inoltre, grazie al riduttore incorporato, erano disponibili altre 4 marce più una retromarcia addizionale. Il motore scelto fu uno dei maggiori handicap del carro: scarsamente potente e soggetto a vari guasti dovuti alla sabbia a causa della deprecabile mancanza di filtri.

- *M14/41*: modello prodotto in 695 esemplari e fornito del nuovo motore Fiat SPA 15T V-8 diesel da 145 hp. Il carro, un'evoluzione del M13, è pressoché identico al suo predecessore, sia nella meccanica che nell'armamento. Lo scafo differiva per la forma della casamatta delle mitragliatrici binate, per i copricingoli estesi per tutta la lunghezza del carro e per la presenza sul lato destro delle rastrelliere porta-tanica. Il nuovo motore comportava inoltre nuove griglie del radiatore, con alette orientate parallelamente all'asse maggiore del carro. Venne introdotta una leva caccia-fango per la ruota motrice ed altri migliorie che riguardarono l'impianto elettrico. Identico anche l'armamento e la sua disposizione. Oltre ai carri da combattimento vennero prodotti anche 34 carri radio comando. Il suo chassis servì da base per il semovente da 90/53 ed anche per la realizzazione del prototipo del Carro Armato Celere Sahariano.

▲ Prototipo finale del carro M15/42; notare l'eliminazione del portello di accesso, ora posto sull'altro lato.

- *M15/42*: prodotto in un numero incerto che va da 112 a 248 unità, fu il terzo e ultimo miglioramento generale sotto ogni aspetto, ma considerando i tempi, si trattava ora di un mezzo ancora più inferiore dell'originale rispetto ai carri nemici che avrebbe dovuto affrontare. A causa degli eventi conseguenti dell'armistizio di Cassibile del 3 settembre la fabbricazione venne interrotta. Il numero di esemplari consegnati al Regio Esercito fu inoltre di soli 82 esemplari, mentre gli altri finirono con l'essere utilizzati dai tedeschi e dall'esercito regolare della Repubblica Sociale Italiana. Le principali differenze con le versioni precedenti furono: una maggiore lunghezza del mezzo nella parte posteriore di circa 15cm; l'abolizione della porta di accesso sulla fiancata sinistra sostituita da rastrelliere porta taniche con il portello accesso equipaggio spostato sul lato destro; le marmitte di scarico furono meglio corazzate; fornito del nuovo cannone da 47/40 dotato di una canna più lunga; casamatta mitragliatrici rinnovata. Il primo prototipo data marzo 1943, la produzione ufficiale ebbe inizio subito dopo.

Dopo l'8 settembre 1943, come detto, i tedeschi s'impossessarono di molti M15/42, 92 per la precisione, compresi alcuni carri comando. Ne ordinarono poi altri ventotto che vennero consegnati nel 1944.

I carri usati dai tedeschi vennero rinominati *Panzerkampfwagen* M15/42 738, tutti regolarmente dotati di una radio RF1 CA e subito distribuiti a tre distaccamenti corazzati in forza all'esercito. Una piccola parte inoltre venne assegnata alla 22ᵃ *SS-Freiwilligen-Kavallerie-Division* "*Maria Theresa*", formata per lo più da personale ungherese nell'aprile 1944. Sempre nel 1944 almeno uno dei carri fu convertito sul campo come veicolo da recupero, montando una gru sullo scafo.

▲ Carro armato M13/40 autotrasportato presso Tobruch nel giugno 1942 (archivio di Stato).

▲ Immagine del carro M15 in conversione contraerea. L'armamento era costituito da un impianto quadrinato di mitragliere Scotti-Isotta Fraschini da 20 mm, progettata nel 1932 dall'ing.Alfredo Scotti, che poi cedette il brevetto (ma solo per l'estero) alla società svizzera Oerlikon, l'arma fu poi sviluppata in Italia dall'Isotta Fraschini nel 1938. La versione Mod.1939 installata su affusto a candeliere fu impiegata dalla Regia Aeronautica per la difesa delle installazioni e dalla Regia Marina imbarcata ed in installazione fissa, anche binata.

▼ Carro comando M14/41.

DERIVATI DEI CARRI M

- *Carri comando M.40, M.41 e M.42:* prodotti complessivamente in 139 esemplari, servivano principalmente per dirigere il fuoco dei semoventi d'artiglieria, pressoché tutti basati sullo scafo del carro medio. La torretta fu rimossa e l'anello di rotolamento chiuso con una lamiera corazzata spessa 8 mm, nella quale furono ricavati due portelli; sul tetto era montata una Breda Mod. 38 da 8 mm in funzione antiaerea. Le due Breda Mod. 38 in casamatta furono invece sostituite da una singola Breda Mod. 31 da 13,2 mm e nello scafo furono sistemate due radio Magneti Marelli, una RF1 CA e una RF2 CA, e due batterie extra; infine fu installato un telemetro.

-*M14/41 Centro Radio:* oltre alla radio Magneti Marelli RF1 CA standard, era dotato di una RF2 CA. Le antenne erano montate sul lato sinistro dello scafo e, tramite una manopola, era possibile abbatterle dall'interno della camera di combattimento per permettere la rotazione della torretta su quel lato. Furono prodotti 34 esemplari di M14/41CR, che erano distribuiti in ragione di due mezzi per ogni comando di Battaglione. Dopo l'armistizio fu utilizzato dai tedeschi e ribattezzato Pz Bef Wg M41 771.

-*M15/42 Carro Contraereo:* interessantissima versione basata sul modello base ma fornita di una nuova torretta poligonale ottenuta mediante saldatura, aperta sul cielo, brandeggiabile per 360° e contenente un impianto quadruplo di cannoni da 20 mm Scotti-Isotta-Fraschini 20/70.
L'unica altra modifica riguardò la soppressione delle due mitragliatrici Breda Mod. 38 in casamatta, la cui apertura fu coperta da una piastra spessa 42 mm. L'equipaggio scese da quattro a tre uomini, due in torretta e il pilota nello scafo. Fu costruito un solo prototipo (forse due) che all'inizio del 1943 fu presentato e collaudato al Centro Studi Motorizzazione dell'esercito: rispetto all'originale veicolo, il semovente antiaereo era pesante 14,7 tonnellate, ed era più alto (2,55 metri). A marzo entrò in servizio come "M15/42 Carro Contraereo" e fu dato in carico all'VIII° Reggimento Autieri di stanza a Cecchignola a Roma. Qui a seguito dell'armistizio i tedeschi lo trovarono e catturarono. Dell'uso che ne fecero l'ipotesi più accreditata vuole che il mezzo finisse in Austria dove partecipò ai combattimenti e venne utilizzato sino all'aprile

▼ Colonna di carri M14/41 attraversano un villaggio libico nel 1942. (Archivio P. Crippa. Colorazione autore).

CARRO ARMATO MEDIO M13-40 IN AFRICA SETTENTRIONALE

▲ M13/40 appartenente al XXI battaglione, 2ª compagnia 3° Squadrone della 132a Divisione corazzata Ariete. Si tratta di un mezzo famoso perché catturato insieme ad altri dello stesso reparto dall'esercito inglese nella zona di Agedabia, nella Cirenaica libica nel febbraio 1941.

1945, dove operò nella zona di Teupitz, per la difesa aerea dal V Corpo Corazzato da montagna delle SS (*"V-SS Volunteer-Freiwilligen-Gebirgskorps"*) che combatté le ultime battaglie contro l'Armata Rossa.
In merito all'ipotesi dei due prototipi, pare che il secondo sarebbe stato trasportato in Tunisia, dove fu provato in condizioni di combattimento reali. Rimase sul suolo africano dopo la resa della 1ª Armata italiana e della 5ª *Panzerarmee* avvenuta nel maggio 1943.

- Versioni Semoventi

I carri medi, nelle loro principali versioni servirono inoltre come base per la realizzazione e lo studio di una nutrita serie di semoventi corazzati quali i seguenti:

-*Semovente M.40, M.41, M.42 75/18:* prodotto in 364 esemplari.

-*M.41 da 90/53:* prodotto in soli 30 esemplari.

-*75/34 M.42:* prodotto in 120 esemplari, fu usato soprattutto dai tedeschi.

-*105/25 M.43:* prodotto in 108 esemplari, venne impiegato soprattutto dai tedeschi.

-*75/34 M.43:* prodotto in 29 esemplari, fu adoperato esclusivamente dai tedeschi.

-*M43 da 75/46:* prodotto in appena 11 esemplari, fu utilizzato esclusivamente dai tedeschi.

Questi specifici mezzi saranno meglio trattati in successive pubblicazioni sui semoventi italiani della nostra collana.

▼ Bel primo piano di un M14/41 con il capocarro alla torretta. Africa 1942. (Archivio Paolo Crippa. Colorazione autore). Sopra: particolare della ruota trazione del carro.

CARRO ARMATO MEDIO M13-40 CAMPAGNA DI GRECIA

▲ M13/40 Carro 1 del 1° Plotone, 1a Compagnia e IV° Battaglione della Divisione Centauro a Monastir in Gregia - Marzo 1941.

▲ Il generale Mario Balotta in Africa Settentrionale, Comandante della Divisione Ariete e vincitore della battaglia di Bir el Gobi, fotografato nel 1941 vicino ad un carro M13/40.

IMPIEGO OPERATIVO

A partire dal 1939, anno della sua sostanziale entrata in servizio, il Carro medio M in tutte le sue varianti è stato presente in tutti gli avvenimenti bellici che coinvolsero l'Italia fino al 1945.

■ PRIMO IMPIEGO: CAMPAGNA DI GRECIA E ALBANIA

Grazie agli elevati numeri di produzione, quasi tutte le divisioni corazzate italiane ricevettero grandi quantità di questi nuovi carri armati medi, che sostituirono i modelli più vecchi ed obsoleti (i carri leggeri CV3 o addirittura il vetusto Fiat 3000). I primi impegni arrivarono con le campagne d'Albania e di Grecia alla fine del 1940.

■ PRIMO IMPIEGO IMPORTANTE IN AFRICA DEL NORD

L'M13/40 e i suoi successori furono quindi subito utilizzato anche in tutte le campagne del Nord Africa fino al 1943. Iniziò per primo ovviamente il M13/40 che dal 1941 venne raggiunto dal suo successore l'M-14/41. I carri medi non furono invece utilizzato sul fronte orientale, dove le forze italiane erano equipaggiate solo con carri L6/40 e Semovente 47/32. A partire dal 1942, l'Esercito italiano riconobbe la debolezza della potenza di fuoco della serie M e impiegò il Semovente 75/18 semovente accanto ai carri armati nelle proprie unità corazzate per aumentarne la potenza di fuoco.

■ LE PRIME AZIONI BELLICHE

Il primo degli oltre 700 M13/40 fu consegnato prima dell'autunno del 1940. Tuttavia l'operazione non venne ben organizzata, la maggior parte delle unità risultò pertanto formata in fretta e furia e quindi mancavano di Coesione. Altro grave problema, ai carri non vennero forniti gli impianti radio, facendoli cosi già molto meno performanti del loro avversari ancora prima di iniziare il combattimento.

▼ Carri M13/40 operativi nel deserto nord africano 1941 circa. Bundesarchiv (colorazione autore).

Gli equipaggi non avevano ricevuto quasi alcun addestramento o era di scarsissimo livello (nel 1940 gli equipaggi trascorsero solo 4 settimane di addestramento effettivo sui carri armati e poi erano subito stati inviati al fronte). Il battesimo del fuoco dei carri medi avvenne con un'unità speciale, il **Gruppo Babini**. Arrivata troppo tardi per combattere nell'offensiva di settembre, questa unità fu pronta solo nel dicembre 1940 durante l'operazione offensiva britannica *Compass*. I carri armati del III° battaglione furono quindi presenti nella battaglia di Bardia, dove in due giorni di combattimenti (3-4 gennaio 1941) gli australiani subirono 456 perdite, mentre agli italiani andò assai peggio, perdendo ben 40.000 uomini (2.000 uccisi, 3.000 feriti e 36.000 catturati). Durante l'offensiva britannica, molti M13/40 furono catturati in buone condizioni e successivamente riutilizzati. Quelli australiani, successivamente combatterono in particolare a Tobruk, mostrando grandi canguri dipinti sullo scafo e sulla torretta (vedi tavola a pag. 28).

Il 6 e 7 febbraio, l'offensiva britannica penetrò a tal punto che il **Gruppo Babini** cercò di aprirsi una breccia nelle linee britanniche che partecipavano alla Battaglia di Beda Fomm, nel disperato tentativo di permettere alle truppe italiane tagliate fuori di ritirarsi lungo la costa libica. L'attacco fallì e tutti i carri armati andarono perduti. Gli ultimi sei carri armati sopravvissuti furono distrutti poco dopo dal tiro di cannone anticarro da 2 libbre (40 mm). Molti di questi carri armati furono persi in questa campagna a causa del fuoco dell'artiglieria piuttosto che di altri carri armati e, in buona parte, ciò era dovuto alla relativa scarsa corazzatura. Alcuni carri armati M11 e M13 catturati furono riutilizzati dal 2/6° Reggimento di Cavalleria australiano e dal 6° Royal Tank Regiment britannico, fino alla primavera del 1941, quando a causa di problemi con il carburante adatto si esaurì e successivamente vennero distrutti.

I carri medi combatterono anche in Grecia, in terreni difficili e nell'aprile 1941 gli M13 della 132ª Divisione corazzata Ariete parteciparono all'assedio di Tobruk, con scarso successo contro i carri armati britannici *Matilda* II. L'Ariete ebbe più successo con i suoi carri M nell'azione di Bir el Gobi contro i carri armati *Crusader* della 22ª Brigata corazzata britannica.

▼ Carri M13/40 vengono in gran numero sbarcati in Libia all'inizio del conflitto. Archivio di stato (colorazione autore).

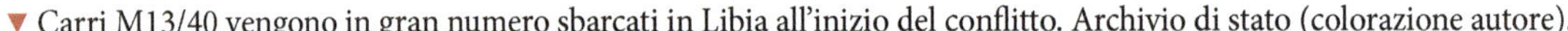

CARRO ARMATO MEDIO M13-40 IN AFRICA SETTENTRIONALE

▲ M13/40 del 1° Plotone, 1ª compagnia del VI battaglione della 132ª Divisione corazzata Ariete nel deserto libico Marzo 1941.

▲ Carro M13/40 in Africa Settentrionale 1941. Bundesarchiv (colorazione dell'autore).

CARRO ARMATO MEDIO M13-40 IN AFRICA SETTENTRIONALE

▲ M13/40 Carro della 132ª Divisione corazzata Ariete nel deserto libico della Cirenaica. Notare l'aggiunta dei cingoli a rinforzo della torretta segno indicativo che si trattava di un equipaggio di veterani d'Africa. Gennaio 1942.

CARRO ARMATO MEDIO M14-41 (CATTURATO) IN AFRICA SETTENTRIONALE

▲ M14/41 Carro italiano catturato dalle truppe australiane nelle campagne in Nord Africa. Successivamente inquadrato nel 6° Australian cavalry Regiment. Dicembre 1941.

Nell'aprile 1941, quando *l'Afrika Korps* entrò in forze in Nord Africa, gli italiani avevano ancora 240 M13 e M14 in servizio di prima linea, ma gli eventi successivi dimostrarono che questo carro non era sufficientemente corazzato. Molti equipaggi per cercare di aumentarne le difese scelsero di ammassare sacchi di sabbia sugli scafi del mezzo, ma ciò contribuì solo a surriscaldare ulteriormente il motore, a ridurre la velocità e ad aumentare i guasti generali. Tale inutile pratica, sebbene popolare, fu scoraggiata dai comandanti italiani per lo stesso motivo. Per cercare di far fronte allo svantaggio, il Regio Esercito equipaggiò almeno una compagnia di ogni battaglione di carri armati con il Semovente 75/18, più pesantemente armato.

Sebbene i carri italiani fossero ancora massicciamente utilizzati durante la prima battaglia di El Alamein, al momento della seconda (autunno 1942) gli Alleati iniziarono a schierare i nuovi carri medi M3 Lee/Grant e i Crusader Mk III, e poi gli Sherman ed insieme i cannoni anticarro trainati da 6 libbre (57 mm) nelle loro unità di fanteria. Fu allora che le debolezze intrinseche del mezzo italiano si fecero molto evidenti. Le perdite aumentarono sensibilmente e il resto delle divisioni corazzate Littorio, Ariete e Centauro, e più tardi la Divisione Motorizzata Trieste, furono quasi totalmente distrutte durante la ritirata delle truppe dell'Asse verso la Tunisia e la conseguente campagna. Diversi mezzi vennero anche mantenuti in Italia continentale, partecipando alla campagna di Jugoslavia e venendo poi utilizzati per azioni antipartigiane. 22 di questi mezzi, specialmente M14, furono infine catturati e riutilizzati, dopo il settembre del 1943, dai tedeschi (distaccamenti del 2° SS *SturmGeschütz e del Panzerabteilung Adria*).

La Seconda Battaglia di El Alamein vide la prima apparizione dell'M4 Sherman, che si rivelò, come facile immaginare, un vero sterminatore del carro Italiano. La ritirata come già accennato fu un bagno di sangue. La Divisione Centauro fu praticamente distrutta combattendo in Tunisia. L'M13/40 e l'M14/41 erano ormai completamente superati dai nuovi mezzi alleati (lo erano in parte persino i Panzer III e IV dell'Afrika Korps) e il loro armamento era pressoché inutile contro i carri armati medi M3 Lee e M4 Sherman

▼ Un M14/41 intento a guadare un fiume. (Archivio di Stato).

del nemico, a meno che i mezzi nemici fossero a poche decine di metri, mentre entrambi i carri alleati potevano facilmente distruggere un M13/40 da lontano. I reparti corazzati italiani ricorsero a tattiche difensive cercando di sparare alle sospensioni e ai cingoli e a fare sempre più affidamento sul supporto di fuoco dei Semoventi e dell'artiglieria campale.

SPECIFICHE OPERATIVE DEL M14/41

Il primo reparto a ricevere il carro M14/41 fu il X Battaglione della 133ª Divisione corazzata "Littorio", poi passato al Reggimento fanteria carrista Divisione Ariete, seguito dal IV, al XII ed al LI Battaglione del 133º Reggimento Fanteria Carrista sempre della Littorio. Fu assegnato inoltre al XIV ed al XVII Battaglione del 31º Reggimento Fanteria Carrista della Centauro; al XV della 1ª Divisione fanteria "Superga". Queste unità ed i loro carri combatterono fino alla fine tutte le battaglie della guerra in Africa Settentrionale, tranne il XII Battaglione della Littorio, che fu colato a picco con tutti i suoi M14/41 durante la traversata del Canale di Sicilia, dalle due battaglie di El Alamein, alla difesa della Linea del Mareth, dalla vittoriosa battaglia di Gebel bou Kournine contro gli inglesi del 25 aprile 1943 con il Raggruppamento *"Piscitelli"* fino all'ultimo scontro tra blindati della guerra in Africa, l'8 maggio 1943. In patria questi mezzi furono assegnati al XVIII Battaglione e al XVI Battaglione Misto, di stanza in Sardegna. Dopo il ritiro delle forze italiane dal Nord Africa, l'M14/41 in buona parte scomparve, anche se molti veicoli catturati furono messi in servizio dalle forze britanniche e australiane per colmare la grave carenza di carri armati alleati nel 1941. Questi veicoli non rimasero però a lungo in servizio con gli Alleati. Durante le dure battaglie, i difetti di questo modello divennero evidenti. Era notoriamente inaffidabile, angusto e prendeva fuoco facilmente quando veniva colpito. A seguito dell'armistizio dell'otto settembre, mentre altri modelli furono catturati e massicciamente riutilizzati dai tedeschi, furono conservati pochi M14/41. L'M14/41 fu invece più ampiamente utilizzato dall'Esercito Nazionale Repubblicano, soprattutto per la guerra antipartigiana.

▼ Due carristi italiani seduti sullo scafo del loro M13/40 in Africa Settentrionale nel 1942 (Archivio di Stato).

CARRO MEDIO M13-14-15

CARRO ARMATO MEDIO M13-40 IN TUNISIA

▲ M13/40 Carro del VII° Battaglione della 132a Divisione Corazzata Ariete sulla linea del Mareth. Tunisia, marzo 1943.

▲ Uniforme dei carristi italiani 1940-1943. Artwork dell'autore.

Alcuni carri M ricomparvero in una delle ultime battaglie della guerra, il 26 aprile 1945, quando 1 carro M13/40, 1 carro M14/41 ed 1 carro M15/42, più un semovente L40 del Gruppo "Leonessa! della R.S.I, al comando del tenente Armando Rinetti, tennero in scacco, per ben tre ore, i carri armati americani alle porte di Piacenza.

◼ SPECIFICHE OPERATIVE DEL M15/42

Il Regio Esercito, prima di collassare a seguito dell'otto settembre, fece in tempo a immettere in servizio ottantadue nuovi carri M15/42 che distribuì all'arma della cavalleria e dei carristi senza costituire nuove grandi unità, vista la scarsa produzione. La gran parte dei mezzi andò in carico alla 135ª Divisione corazzata "Ariete": ciascuno dei tre Gruppi misti componenti il 10º Reggimento cavalleria corazzata "Lancieri di Vittorio Emanuele II", facente parte della divisione, doveva avere uno Squadrone su venticinque M15/42 (gli altri due erano dotati di semoventi da 75/18) e il 10º Squadrone di riserva su dieci carri. Alcune altre formazioni furono equipaggiate con gli M15: il XVIII e il XIX Battaglione ebbero ognuno una compagnia su venti carri; il X Gruppo, costituito il 1º agosto 1943 per completare l'organico del 10º Reggimento "Lancieri di Vittorio Emanuele II", ottenne solo dodici M15/42; ulteriori cinque veicoli trasformati in carri comando formavano il Plotone Carri Centro Radio della 135ª Divisione corazzata. Infine un numero imprecisato di mezzi rimase in deposito presso il 33º Reggimento carri. La 135ª Divisione corazzata adoperò gli M15/42 durante la terribile difesa di Roma (8-10 settembre 1943), nel contesto dell'invasione tedesca dell'Italia a seguito della firma dell'armistizio, con risultati assai modesti e parecchie perdite. Un'aliquota discreta di carri fu invece impiegata dalle forze armate della Repubblica Sociale Italiana così come da varie unità tedesche negli ultimi anni di guerra, dentro e fuori la penisola, spesso in chiave di lotta antipartigiana. Il Gruppo Corazzato "Leonessa", disponeva di alcuni M15. In occasione della visita che il duce Benito Mussolini fece a Milano verso la fine della guerra, egli salì sulla torretta dell'M15/42 al comando del vice brigadiere Donati, arringando i soldati e la popolazione riuniti di fronte alla caserma Muti. Alla fine del secondo conflitto mondiale, diversi M15/42 furono riutilizzati dai reparti del neocostituito Esercito Italiano e dalla Polizia di Stato fino ai primi anni cinquanta.

◼ NELLA GUERRA ARABO ISRAELIANA DEL 1948

Durante la guerra arabo-israeliana del 1948, due o tre M13/40 rimasti in Nord Africa furono incorporati nelle forze armate egiziane. Questi mezzi furono utilizzati durante le battaglie di Negba, dove uno fu messo fuori uso e successivamente catturato dalle truppe israeliane. Per alcuni anni dopo la guerra, il carro armato rimase nel kibbutz di Negba come monumento-souvenir alla battaglia.

◼ CONCLUSIONI

L'M13/40 aveva innegabilmente buone caratteristiche, tra cui una relativa facilità di produzione, un sobrio motore diesel e un cannone abbastanza efficiente in chiave controcarro. Era in grado di perforare una corazza di 45 mm a 500 m, con un efficace proiettile HE e una buona potenza di fuoco secondaria. Fino al 1942 il carro M era in grado di mettere fuori uso la maggior parte dei carri armati leggeri e medi britannici, ma era sostanzialmente innocuo contro i carri armati più pesanti inglesi come il *Matilda* e il *Valentine*. Lo scafo imbullonato si rivelò sempre un pericolo per l'equipaggio, e ad ogni impatto subito le piastre dello scafo avevano la tendenza a rompersi. Inoltre, le parti meccaniche e il motore stesso si dimostrarono inaffidabili a lungo termine. La velocità era troppo scarsa soprattutto tenendo conto del peso specifico del mezzo. Questo, unito a una costruzione semplicistica, e a numerose altre problematiche tecniche insite lo rendeva più vulnerabile al fuoco dell'artiglieria. Per questo motivo, l'M13/40 fu considerato obsoleto già all'inizio del 1942. Tuttavia, molti M13/40 sopravvissero alla guerra.

▲ Vista del carro medio italiano M14/41 all'alto. È ben visibile sulla torretta il cerchio bianco dipinto per riconoscimento aereo da parte di aerei amici. A destra il distintivo in bronzo o alluminio era posto in alto a sinistra sulla piastra anteriore dei mezzi corazzati, dall'aprile del 1936 all'agosto del 1943.

CARRO ARMATO MEDIO M14-41 A EL ALAMEIN - EGITTO

▲ M14/41 Carro 1 del 3° Plotone, 2a Compagnia del XI° Battaglione della 132a Divisione Corazzata Ariete a El Alamein. Luglio 1942.

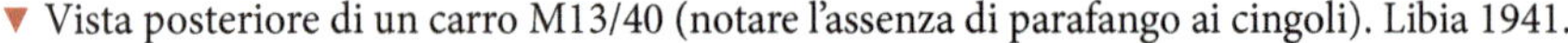

▲ Soldati australiani esaminano un M14-41 forse abbandonato per mancanza di carburante. Libia 1942.

▼ Vista posteriore di un carro M13/40 (notare l'assenza di parafango ai cingoli). Libia 1941.

CARRO ARMATO MEDIO M14-41 SU RIMORCHIO VIBERTI 1942

▲ M14/41 Carro opertivo, caricato su rimorchio Viberti per il trasporto. Italia o Balcani, 1942.

▲ Vista del carro medio italiano M14/41 di fronte e di retro.

Un M13/40 ad una sfilata a Tripoli davanti al monumento del Duce a cavallo con la spada dell'Islam.

CARRO ARMATO COMANDO M13-40 AFRICA SETTENTRIONALE 1942

▲ M14/41 Carro Comando Radio 132a Divisione Corazzata Ariete, Libia 1942.

MIMETICHE E SEGNI DISTINTIVI

colori di fondo dei carri medi, sia M13-14-15 che M11, dalla loro creazione fino al 1945, (fra parentesi è indicato il periodo operativo di tale uso) utilizzati peraltro anche per tutti i mezzi corazzati erano: grigio verde R.E. (1936-1945), cioccolato scuro (1936-1941), bruno rossiccio (1936-1943), ocra (per prototipi), sabbia (1941-1945), sabbia scuro (1943-1945), grigio scuro (1941-1943). Per la mimetica venivano usati: verde medio (1936-1943) e rosso scuro (per prototipi). I carri medi non erano ancora nati al tempo della Guerra d'Etiopia 1935-1936 e della Guerra Civile Spagnola 1937-1939.

Territorio nazionale 1936-1940 - sostanziale prevalenza di grigio verde.

Occupazione dell'Albania e fronte francese 1939-1940 - grigioverde.

Campagna di Grecia e Jugoslavia 1940-1941 - grigioverde eventualmente mimetizzato con macchioline verdi e color sabbia.

Africa Orientale 1940-1941 - grigio verde o nella vecchia mimetica della campagna d'Etiopia bruno rossiccio a macchie verdi.

Africa Settentrionale 1940-1943 - all'inizio solo grigio verde, colora con il quale venivano generalmente sbarcati ai porti di destinazione, poi colore sabbia in varie versioni variegate. Non utilizzati nella Campagna di Russia 1941-1943.

RSI 1943-1945 grigioverde, colore giallo sabbia scuro, colore bruno rossiccio con macchiettature verde medio fitte, in colore uniforme panzer grey tedesco. In particolare erano colore sabbia scuro i carri del "Leonessa" e, in parte anche del "Leoncello" e del "San Giusto". Segnalo anche la presenza di mimetiche elaborate a scacchiere irregolari di fondo giallo sabbia e spezzoni verdi e marroni.

■ DISTINTIVI CARRI MEDI

Per riconoscere i singoli mezzi corazzati nelle operazioni militari, anche per l'Italia, si rese necessario introdurre un sistema di identificazione, anche perché almeno all'inizio non vi erano carri con apparati radio installati. Le radio, infatti, iniziarono ad essere installate con una certa regolarità solamente a partire dal 1941. All'inizio, per comunicare, si usavano bandierine con drappo rosso o bianco. La prima tabella di contrassegni distintivi dei carri risale al 1925 ed era molto complessa e articolata sino all'eccesso. I gruppi numerici furono introdotti solo nel 1927 dopo la costituzione del Reggimento Carri, nel 1928 vennero poi emanate nuove disposizioni. Nel 1940 iniziarono finalmente le prime consegne dei Carri M13/40, che vennero distribuiti ai vari reparti corazzati.

I Carri Medi, come già era accaduto per i carri Leggeri portavano i simboli individuati da contrassegni, nomi e numeri posti ai lati dello scafo su entrambi i lati. I numeri erano dipinti frontalmente sulla piastra dello scafo e su entrambe le fiancate.

Nel 1938, per semplificarne il riconoscimento, venne fatta un'ulteriore modifica, stavolta radicale: furono stabiliti i nuovi simboli tattici per i carri. Sistema che seguirono quindi anche i carri medi nati qualche anno dopo. Le compagnie dei carri erano rappresentate da dei rettangoli colorati nel seguente modo:

La prima compagnia aveva il colore rosso, la 2ª l'azzurro, la 3ª il giallo, la 4ª il verde; il colore bianco era riservato ai carri comando reggimentale. l segni distintivi dei carri armati ed autoblindo dovevano avere dimensioni di cm 20 x 12 ed essere dipinti in vernice del colore della compagnia.

I rettangoli colorati erano tagliati da barre bianche (da 1 a 4 righe e una diagonale per il 5° plotone) ed indicavano i diversi plotoni, di colore intero e senza righe per i carri Comando di Compagnia.

I rettangoli dei vari plotoni erano sormontati da un numero arabo (del colore della compagnia) indicativo del carro nella formazione organica del plotone.

Tali numeri dovevano avere le dimensioni di 10 cm di altezza e 1,5 cm di spessore, e posti al centro del lato superiore del rettangolo a 2 cm di distanza. Sotto al rettangolo era invece posto in numero romano bianco il numero del battaglione di appartenenza. I carri di battaglione, se di riserva a livello di Reggimento riportavano, invece, il solo numero arabo relativo. I carri dello squadrone comando battaglione avevano un rettangolo completamente nero. Il carro comando di battaglione su due compagnie l'aveva metà rosso

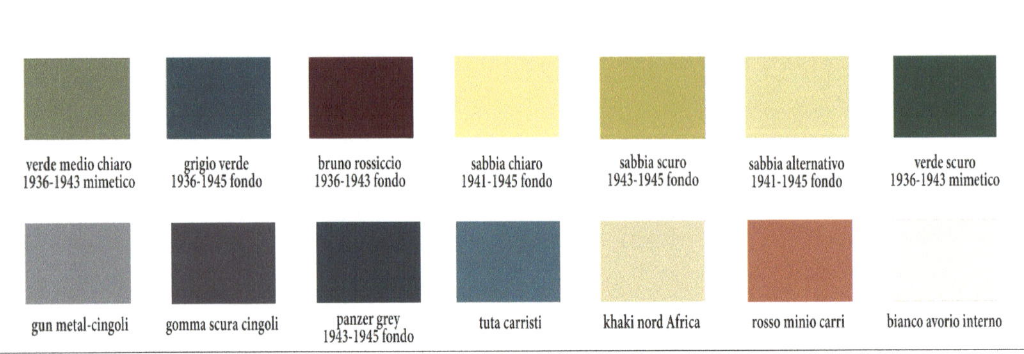

e metà azzurro (a destra). Il carro comando di battaglione su tre compagnie l'aveva su tre righe colorate da sinistra a destra: rosso, azzurro e giallo. Nello specifico dei carri medi, il segno distintivo venne posto sulla torretta nella parte medio-alta anteriore. Posteriormente, nella parte centrale della torretta. Su alcuni carri il rettangolo venne posto all'altezza del portellone di accesso alla camera di combattimento. Sullo stesso portellone appariva spesso anche il segno distintivo della Divisione come ad esempio un ariete nero. Come segno di identificazione aerea sui mezzi venne a volte dipinta, nell'estate del 1940, una croce bianca di Savoia, posta a seconda del tipo di mezzo sul cielo della torretta o del vano motore. A partire dal 1941, al posto della croce si dipinse un disco bianco di cm 70 di diametro. Nonostante la circolare parlasse chiaramente, numerose furono le eccezioni e varianti al regolamento ufficiale. I carri medi usati dalla Repubblica Sociale Italiana mostravano dipinti i segni distintivi dei vari reparti: il "Leoncello" era raffigurato da un leone nero che stringeva un fasci littorio guardante a sinistra su fondo bianco. Il "Leonessa" aveva un segno distintivo un poco più complicato formato dalla M rossa di Mussolini, tagliata da un fascio di colore nero e sotto la scritta sempre in nero "GNR".

Il Gruppo Corazzato del "Leoncello" utilizzata, in luogo dei rettangoli colorati una bandiera tricolore delle stesse dimensioni, con una numerazione bianca, ad indicare il numero di Squadrone (sopra il tricolore) ed il numero del carro (sotto). Il Gruppo Squadroni Corazzati San Giusto" adottò un simbolo costituito da un tricolore semplice, sul quale fu aggiunta la sagoma di un carro armato nero a partire della primavera del 1944. Il tricolore fu sostituito successivamente (autunno 1944) con uno sventolante e la sagoma del carro con quella di un semovente. I carri utilizzati dai tedeschi, soprattutto quelli catturati, e quelli nuovi ordinati, dopo l'armistizio del 1943 recavano le indicazioni tipiche dell'esercito tedesco a partire dalla *ritterkreuz* bianca e nera nelle sue diverse fogge.

▲ Un carro armato italiano M14/41 con il capocarro in torretta nel novembre 1940 sul fronte greco albanese.

CARRO ARMATO MEDIO M15-42 - ITALIA MARZO 1943

▲ M15/42* Carro comando battaglione del 32° Reggimento carri in Sardegna nel 1943. (* Non si hanno tuttavia dati certi che in sardegna vi fossero M15 ma forse solo M14.)

▲▼ Carri M13/40 con i loro equipaggi sull'esterno del mezzo. Fronte libico 1940-1941.

CARRO ARMATO MEDIO M15-42 - ITALIA MARZO 1943

▲ M15/42 del 132° Reggimento carri della Divisione Corazzata Ariete II in addestramento in Friuli nella primavera del 1943.

CARRO ARMATO MEDIO M15-42 - LIBERAZIONE DI ROMA SETTEMBRE 1943

▲ M15/42 del VII° Squadrone, 1° Plotone della Divisione Corazzata "Ariete"
Alla difesa di Roma 8-10 Settembre 1943.

PRODUZIONE ED ESPORTAZIONE

A partire dalla guerra furono costruiti 710 M13/40, 730 carri M14/41 (fra carri e comando) e da 110 a 250 M 15/42, per un totale ci circa 1550/1700 mezzi complessivi nelle diverse varianti. Essendo iniziata la produzione in tempo di guerra non si ebbero a disposizione mercati internazionali cui cedere i mezzi, come era per esempio accaduto ai carri leggeri. I carri, soprattutto per vicende belliche finirono nelle mani di diverse nazioni belligeranti e o alleate ed ex alleate.

- Regio esercito, committente e maggiore utilizzatore della gran parte della produzione di mezzi corazzati medi.
- Australia. A seguito delle battaglie nel deserto del Nord Africa, le truppe australiane si impossessarono di un certo numero di mezzi corazzati, soprattutto M11/39, M13/40 e M14/41. Mezzi che furono riabilitati dagli stessi australiani e ridipinti con colori e segni distintivi tipici (i famosi canguri bianchi).
- Gran Bretagna: come sopra anche le truppe inglesi misero le mani su alcuni carri medi italiani.
- Repubblica Sociale Italiana: dopo il crollo dell'Italia seguito agli avvenimenti dell'otto settembre, si creò un nuovo stato nel Nord Italia controllato dai tedeschi. La RSI utilizzò tutti i mezzi militari già del Regio Esercito a sua disposizione.
- Esercito tedesco: alla stessa stregua ed in maniera massiccia e selettiva anche l'esercito tedesco, dopo l'otto settembre confisco e riadattò tutti i mezzi italiani a disposizione. In alcuni casi anche riattivando le catena di montaggio produttive (soprattutto nel caso dei mezzi M15 e semoventi derivati).

MAGGIORE UTILIZZATORE

I carri medi furono usati dagli eserciti indicati qui sopra, ma ovviamente il suo principale utilizzatore furono l'Italia e i suoi reparti corazzati: dal Regio Esercito soprattutto ma anche, dopo l'Armistizio, dall'Esercito Nazionale Repubblicano e dalla Guardia Nazionale Repubblicana, in seguito alla costituzione della Repubblica Sociale Italiana nel 1943. Qualche mezzo infine venne anche catturato sui teatri di guerra europei, soprattutto in Dalmazia e Balcani, catturati e riutilizzati anche dai partigiani jugoslavi ed ancora dalla resistenza greca. Alcuni di questi mezzi rimasero in servizio in Italia ancora per poco tempo durante gli anni dell'immediato dopoguerra, nell'ambito di missioni di polizia. Infine, singolare il caso di un paio di carri rimasti in Egitto, probabile preda bellica degli inglesi, e da questi lasciati all'esercito egiziano che nel 1948 li utilizzò per combattere la prima guerra arabo israeliana.

▲ Ammassamento di carri M13/40 in una depressione desertica. Fronte libico 1940-1941. Nella foto piccola: Un M13/40 sul fronte tunisino poco prima dell'abbandono dell'Africa da parte delle truppe dell'Asse.

▼ Carro armato M 15/42 conservato presso il Museo Storico Italiano della Guerra di Rovereto (Wikipedia).

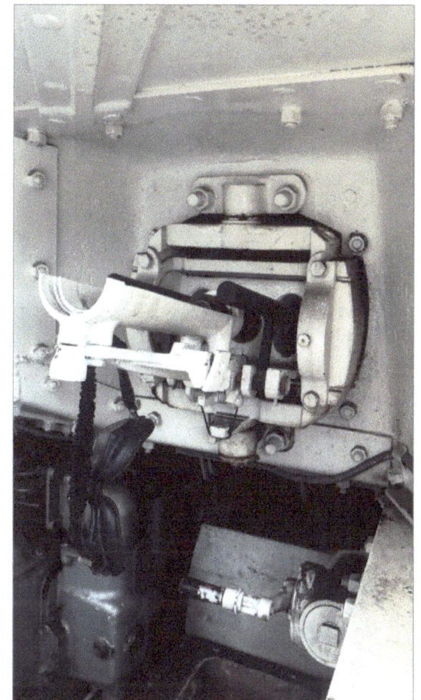

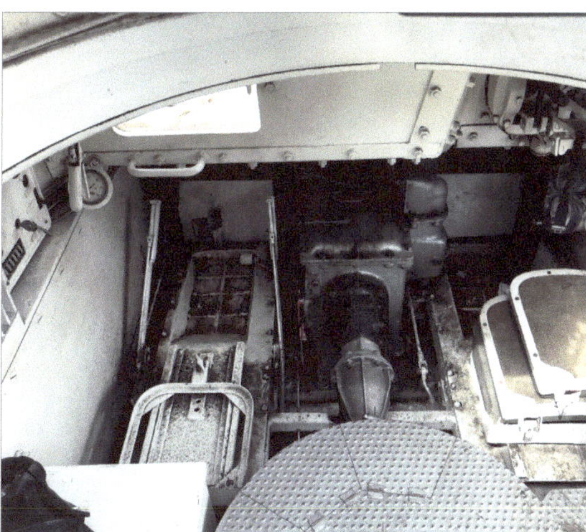

▲ Diversi particolari del carro M15/42 esposto alla fiera di Militaria di Novegro (MI). Foto dell'autore.

▲ Retro del M14/41 esposto al museo britannico di Bovington. (Wikipedia).

▼ Altra immagine del generale Mario Balotta accanto ad alcuni dei suoi ufficiali di Stato maggiore. Comandante della Divisione Ariete e vincitore della battaglia di Bir el Gobi. Libia 1941.

CARRO ARMATO MEDIO M15-42 - CROAZIA 1944

▲ M15/42 Carro catturato e posto in uso alle forze armate tedesche, Croazia 1944.

SCHEDA TECNICA			
	M13/40	**M14/41**	**M15/42**
Lunghezza	4915 mm	4915 mm	5060 mm
Larghezza	2280 mm	2280 mm	2280 mm
Altezza	2270 mm	2370 mm	2370 mm
Altezza minima fondo-scafo da terra	0,38 m	0,38 m	0,41 m
Peso in ordine di combattimento	14.000 kg	14.500 kg	15.000 kg
Equipaggio	4	4	4
Motore	M 13: Fiat-SPA 8T M.40 diesel a 8 cilindri a V, 11.140 cm³ M 14: Fiat SPA 15T M.41 diesel, 8 cilindri a V, 11980 cm³ M 15: FIAT-SPA 15TB M.42 a 8 cilindri a V, alimentato a benzina		
Velocità massima	30 km/h su strada 15 km/h fuori strada	32 km/h su strada 16 km/h fuori strada	40 km/h su strada 20 km/h fuori strada
Autonomia	210 km su strada 5 h fuori strada	200 km su strada 5 h fuori strada	220 km su strada 5 h fuori strada
Capacità serbatoio	180 L	180 L	400 L
Spessore corazza	Da 6 a 42 mm	Da 6 a 42 mm	Da 6 a 42 mm
Armamento	1 cannone 47/32 Mod. 1935 da 47 mm. 3 mitragliatrici Breda Mod. 38 da 8 mm	1 cannone da 47/32 Mod. 39. 3-4 x mitragliatrici Breda cal. 8 mm	1 cannone 47/40 Mod. 38 da 47 mm. 3 mitragliatrici Breda Mod. 38 da 8 mm

▼ Possibile ipotetica variabile della tinteggiatura tedesca in *"feldgrau"* del M15 contraereo della pagina accanto.

▲ M15/42 Carro Contraereo di preda bellico - Catturato dai tedeschi alla Cecchignola nel 1943 e poi utilizzato fino al 1945 per combattere l'esercito sovietico in Austria.

▲ Enorme deposito di mezzi corazzati italiani, soprattutto carri medi e semoventi, caduti in mano tedesche dopo l'armistizio del 1943.

▼ Un M15/42 "Germanizzato". I tedeschi battezzarono il nuovo carro italiano Pz.Kpfw. 738

CARRO ARMATO MEDIO M13-40 - GUERRA CIVILE 1943-45

▲ M13/40 Carro del Ragruppamento Antipartigiani usato durante la Guerra Civile italiana 1943-45

CARRO ARMATO MEDIO M13-40 - GUERRA CIVILE 1943-45

▲ M13/40 Carro del Gruppo Corazzato "Leonessa" usato durante la Guerra Civile italiana 1943-45.

CARRO ARMATO MEDIO M15-42 - GUERRA CIVILE 1943-45

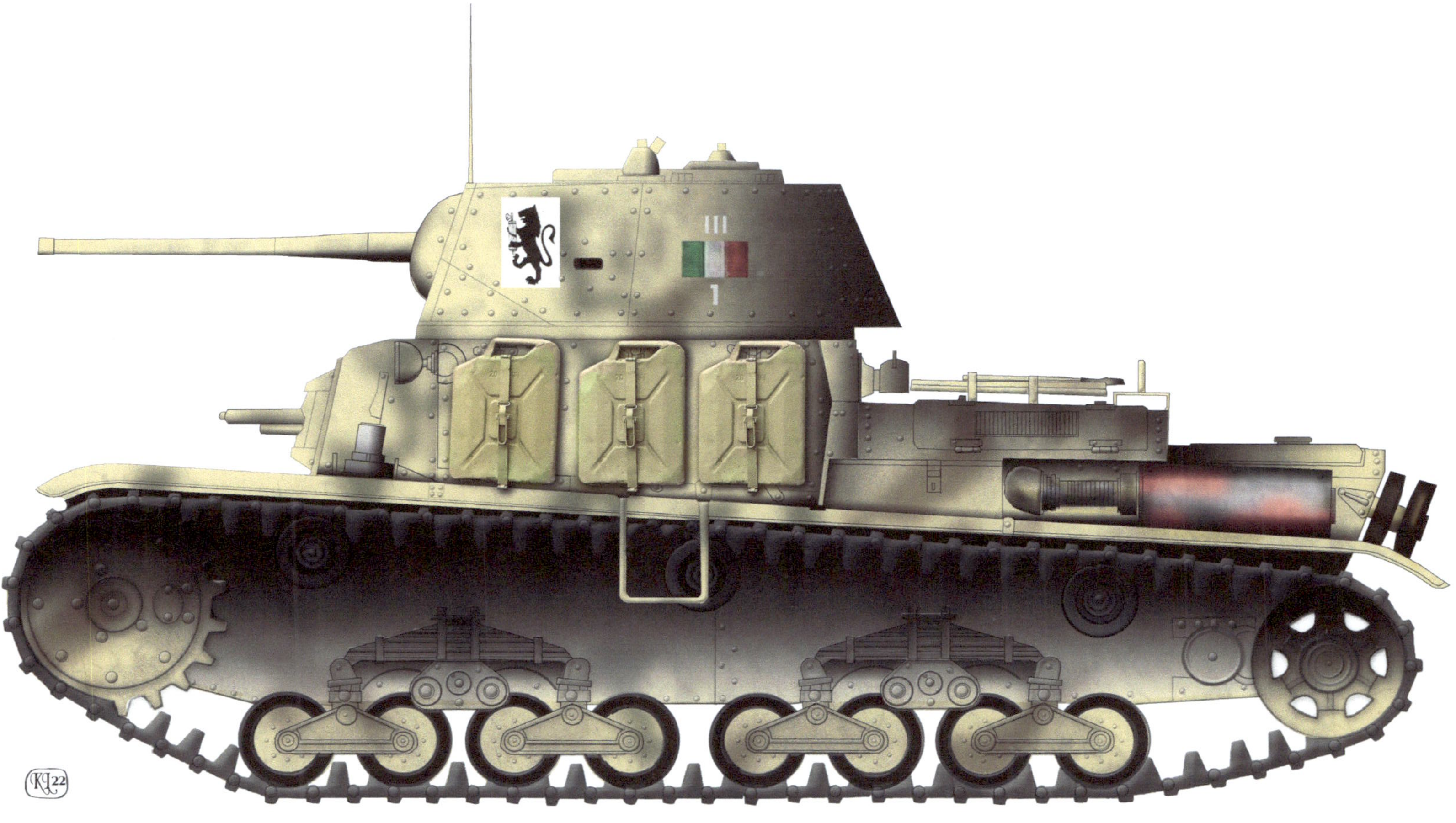

▲ M15/42 Carro del Gruppo Corazzato del "Leoncello" usato durante la Guerra Civile italiana 1943-45.

BIBLIOGRAFIA

- *Carro M - carri medi M 11-39, M 13-40, M 14-41, M 15-42, semoventi e altri derivati*, Antonio Tallillo, Andrea Tallillo, Daniele Guglielmi, Gruppo Modellistico Trentino, 2010.
- *Veicoli da Combattimento dell'Esercito Italiano dal 1939 al 1945.* Falessi, Cesare; Pafi, Benedetto (1976). Intyrama books.
- *Italian Medium Tanks, 1939–45. New Vanguard 195.* Cappellano, F.; Battistelli, P. P. (2012). Oxford: Osprey Publishing.
- *Italian Armored Vehicles of World War Two.* Pignato, Nicola (2004).Squadron/Signal publications.
- *Storia dei mezzi corazzati.* Pignato, Nicola. Vol. II. Fratelli Fabbri Editori.
- *I reparti corazzati italiani nei Balcani*, Paolo Crippa e Carlo Cucut. Soldiershop 2019.
- *I reparti corazzati del R.E. E l'armistizio 1° Volume*, Paolo Crippa. Soldiershop 2021.
- *I reparti corazzati del R.E. E l'armistizio 2° Volume*, Paolo Crippa. Soldiershop 2021.
- *Il gruppo corazzato del Leoncello,* Paolo Crippa. Soldiershop 2021.
- *I mezzi blindo-corazzati italiani 1923-1943*, Nicola Pignato, Storia Militare, 2005.
- *Gli autoveicoli da combattimento dell'Esercito Italiano, Volume secondo (1940-1945),* Stato Maggiore dell'Esercito, Ufficio Storico, Nicola Pignato e Filippo Cappellano, 2002.
- *Corazzati Italiani 1939-1945*, Nico Sgarlato, War Set n°10, 2006.
- *Mezzi dell'Esercito Italiano 1935-45*, Ugo Barlozzetti & Alberto Pirella, Editoriale Olimpia, 1986.
- *Corazzati e blindati italiani dalle origini allo scoppio della seconda guerra mondiale*, David Vannucci, Editrice Innocenti, 2003.
- *Articolo di* Cédric Mas, Batailles & Blindés n°13-14, 2006.
- *"L'Ariete a Bir-El Gobi". Storia Militare (in Italian).* Maraziti, Antonio (Gennaio 2005). Albertelli edizioni.
- *Italian Medium Tanks in Action*, Nicola Pignato, 2001.
- *Le fiamme rosse del 31° Reggimento Carristi*, Maurizio Parri, Soldiershop, 2021.
- *Il gruppo corazzato "San Giusto" dal Regio Esercito alla RSI 1934-1945*, Stefano Di Giusto, Laran Éditions, 2008.
- *I reparti corazzati della Repubblica Sociale Italiana 1943/1945*, Paolo Crippa, Marvia Edizioni, 2006.
- *...Come il diamante, I Carrisit italiani 1943-45*, Sergio Corbatti & Marco Nava, Laran Edizioni, 2008.
- *Italian Tank M13/40, Preliminary report n° 18.* Military college of Science November 1943.
- *Storia dell'Ansaldo 6. Dall'IRI alla guerra 1930-1945*, Gabriele De Rosa, Gius. Laterza & Figli, 1999.
- *Italian Medium Tanks M13 and M14* by Iron Coffins, Museum Ordnance Special Number 1994.

TITOLI PUBBLICATI O IN LAVORAZIONE

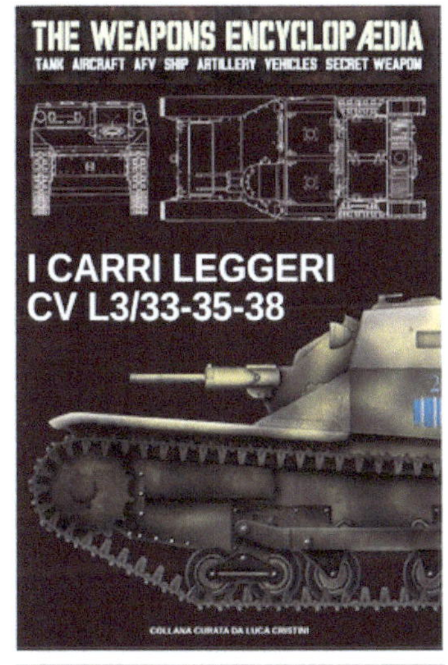

TWE-004 IT